봄 | 글·그림 이여희

해와 달이 우리에게 전해 주는 특별한 선물 24절기를 통해 우리 주변의 이야기들에 더욱 귀 기울일 수 있었던 것 같아요.
대수롭지 않게 바라보았던 것들이 알고 보면 하나씩 의미가 있는 것들이었거든요. 그림을 그리고 책을 만들며 세상을 바라보는 또 다른 방법을 배워 가요.
쓰고 그린 책으로는 『장미나무 이야기』, 『빨간 딸기』가 있으며, 『행복한 버스』, 『채은이의 공』, 『파란 호랑이』, 『회원님을 초대했습니다』 등에 그림을 그렸어요.

여름 | 글·그림 김수연

대학에서 미술을 전공했어요. 어린이문학에 관심이 많아 지금은 그림책 작업을 하고 있어요. 아이들의 웃음이 가득한 책을 만들어
세상의 따뜻함을 나누고 싶어요. 2014년 한국 인터넷진흥원장(kisa) 주최 정보 보호 삽화 공모전에서 최우수상을 받았어요.
쓰고 그린 책으로는 『탐라의 빛』이 있으며, 『꽃가지를 흔들듯이』, 『인성동화 시리즈』, 『허난설헌』 등에 그림을 그렸어요.

가을 | 글·그림 정 수

뜨겁기만 했던 아랫목이 어느새 뜨뜻하다는 것을 알게 될 만큼 시간이 흘렀지만, 온기를 나누었던 모든 것과의 헤어짐은 왜 이리도 익숙해지지 않을까요?
뜨거운 아랫목, 할머니의 다리 베개와 빨간 밍크 이불처럼 언제 떠올려도 마음의 온기를 불러일으키는 추억과 몽글몽글한 감성의 온도를
그림으로 표현하기 위해 노력하고 있어요. 지금은 사랑하는 세 고양이와 함께 아이들이 웃고 즐기며 볼 수 있는 그림책을 기획, 작업하고 있답니다.
쓰고 그린 책으로는 『달빛 구슬의 주인』이 있어요.

겨울 | 글·그림 박연경

호호 시린 겨울바람에 후후 불어 먹는 군고구마 하나, 유자차 한 잔에서 느껴지는 따뜻한 온기처럼 그림책으로 따뜻한 온기를 나누고 싶어요.
24절기 그림책을 통해 어린이들이 계절 이야기와 재미에 푹 빠져들었으면 좋겠어요. 첫눈 오는 소설 찬 바람 속에서도 뜨겁고 열정적으로 눈놀이하는
어린이들의 모습을 보며, 무슨 일을 하든지 놀이할 때처럼 열정적으로 해 나가길 응원한답니다. 쓰고 그린 책으로는 『욕심 많은 조 상사』가 있으며,
『발레 하는 할아버지』, 『박제가는 통도 궁리해』 등에 그림을 그렸어요.

24절기 그림책은 〈온정〉 작가들이 온 마음을 모아 함께 만든 그림책입니다.
〈온정〉은 일러스트 프로젝트 그룹으로 어린이를 위한 동화, 그림책 및 정보책 등을 기획하고 출판하기 위한 그림책 작가들의 모임입니다.
www.onjungs.com

봄 여름 가을 겨울 그림으로 만나는 사계절 24절기

초판 1쇄 발행 2019년 3월 15일   5쇄 발행 2023년 10월 5일

글·그림 이여희 김수연 정 수 박연경 | 펴냄 박진영 | 편집 김가람 | 디자인 새와나무 | 펴낸곳 머스트비
등록 2012년 9월 6일 제406-2012-000154호 | 주소 경기도 파주시 심학산로 12 303호 | 전화 031-902-0091 | 팩스 031-902-0920 | 이메일 mustb0091@naver.com
ISBN 979-11-6034-083-9 73380

© 2019 글과 그림 이여희, 김수연, 정 수, 박연경

이 도서의 국립중앙도서관 출판예정도서목록(CIP)은 서지정보유통지원시스템 홈페이지(http://seoji.nl.go.kr)와 국가자료공동목록시스템(http://www.nl.go.kr/kolisnet)에서
이용하실 수 있습니다.(CIP제어번호: CIP2019002628)

 품명: 봄 여름 가을 겨울 그림으로 만나는 사계절 24절기 | 제조자명: 머스트비 | 주소: 경기도 파주시 심학산로 12 303호
연락처: 031-902-0091 | 제조년월: 2019년 3월 | 제조국: 대한민국 | 사용연령: 8세 이상
취급상 주의사항 | 종이에 베이지 않도록 주의하세요. 책의 모서리가 날카로우니 던지거나 떨어뜨려 다치지 않도록 주의하세요.
KC마크는 이 제품이 공통안전기준에 적합하였음을 의미합니다.

그림으로 만나는
사계절 24절기

글·그림 이여희 김수연 정 수 박연경

개나리 맨션의 **봄**

이여희

입춘 날, 개나리 맨션의 아침은 경비 아저씨의 입춘축 붙이기로 시작돼요.
다동 101호 아주머니는 항아리를 유심히 보고 계시네요.
항아리에 무슨 일이라도 생긴 걸까요?

입춘 立春

봄봄봄, 봄이 왔어요!
양력 2월 4일경 　**입춘**　우수　경칩　춘분　청명　곡우

일 년을 여는 첫 번째 절기는 봄이 시작된다는 입춘이에요.
그렇다고 해도 따뜻한 날씨를 기대하면 안 돼요.
2월의 날씨는 여전히 매우 춥거든요.

입춘축 붙이기

입춘 날이 되면 '立春大吉 建陽多慶(입춘대길 건양다경)'이라는 입춘축을 써서 현관이나 대문 등에 붙여 놓아요. 그 의미를 풀이해 보면 '입춘을 맞이하여 복을 기원하고, 맑은 날과 경사스럽고 좋은 일이 많기를 바란다'는 뜻이에요.

보리뿌리점

봄과 한 해 농사가 시작되는 것을 알리는 입춘 날에는 보리뿌리를 캐어 농사가 잘될지 점쳤어요. 보리뿌리가 세 가닥이 넘으면 풍년, 두 가닥이면 평년, 한 가닥이면 흉년이 든다고 믿었대요.

절기 속담
입춘 추위에 김칫독 얼어 터진다

입춘은 봄이지만 무척 추워요. '2월에 물독 터진다', '입춘 추위는 꿔다 해도 한다', '입춘 거꾸로 붙였나' 같은 속담도 입춘 추위를 두고 생긴 말이에요.

적선공덕행
입춘 날에는 다른 사람 몰래 좋은 일을 하는 풍습이 있었어요. 남이 모르게 좋은 일을 하면 한 해 동안 나쁜 일을 피할 수 있다고 믿었답니다.

아홉차리
입춘 날에 같은 일을 아홉 번씩 하면 한 해 동안 복을 받는다고 해요. 그래서 우리 조상들은 책도 아홉 번 읽고, 밥도 아홉 번 먹고, 매를 맞을 때도 아홉 번 맞았대요. 9를 가장 좋은 숫자로 생각한 우리 조상들의 재미있는 풍습이랍니다.

톡톡톡. 반가운 봄비가 내려요.
개나리 맨션의 어린이들이 등원 준비를 하고 있어요.
"우와~ 신난다! 비가 와."
들뜬 아이들의 얼굴이 생글생글해요.

우수 雨水

앗! 어제 만든 눈사람이 다 녹았네
양력 2월 19일경   입춘 **우수** 경칩 춘분 청명 곡우

눈이 녹아 비가 된다는 우수예요. 이제 정말 봄이 오는 걸까요? 하지만 아직 공기가 차니 감기 조심!

봄나물 먹기

이른 초봄에는 냉이, 달래, 봄동 같은 봄나물들의 어린순을 캐 먹어요. 겨우내 부족했던 칼슘과 비타민, 각종 영양소를 보충하기 좋지요. 참기름을 곁들인 봄나물무침은 아주 향긋하고 고소하답니다.

냉이무침 만들기

 냉이를 흐르는 물에 살살 흔들어 가며 여러 번 씻어요.

 팔팔 끓는 소금물에 냉이를 풍당 데친 후 찬물로 헹궈요.

 냉이에 참기름, 소금 등 양념을 넣고 조물조물 무쳐요.

 밥과 함께 맛있게 냠냠 먹어요.

봄

새싹이 돋아나요

우수는 눈이 녹아서 비가 된다는 뜻이에요. 눈이 녹으면서 꽁꽁 얼어붙어 있던 땅 사이사이로 비가 온 듯 물기가 스며들면, 흙을 뚫고 조금씩 새싹이 나오기 시작하지요.

이사 가는 기러기

원래 추운 지방에 사는 기러기는 이즈음 추운 북쪽으로 다시 날아가요. 기러기들아, 다음 겨울에 또 만나자!

논밭 태우기

옛날에는 우수에 논이나 밭을 태우곤 했어요. 농사일을 시작하기에 앞서 해충을 태워 땅을 다지고, 타고 남은 재는 거름으로도 사용할 수 있거든요. 그런데 요즘에는 해로운 해충뿐만 아니라 이로운 곤충도 같이 태우게 되거나 불이 번져 산불이 되는 경우가 종종 있어 논밭 태우기는 점차 줄어들고 있다고 해요.

개굴, 개굴, 개굴, 개구리가 쉼 없이 우렁차게 울어요.
이제 막 겨울잠에서 깨어났나 봐요.

경칩 驚蟄

개굴개굴, 짹짹, 동물들이 힘차게 울어요!

양력 3월 6일경   입춘 우수 **경칩** 춘분 청명 곡우

겨울잠을 자던 동물들과 벌레들이 깨어나 움직여요. 이제 봄이 온 걸 알아챘나 봐요.

봄

겨울잠에서 깨어나요

경칩이 되면 겨울 동안 잠들어 있던 동물들과 벌레들이 깨어나요. 춥고 먹을 것이 부족한 겨울에는 땅속이나 나무 밑에서 자다가 따뜻한 봄이 찾아오면 활동을 시작하는 거예요. 겨울잠을 자는 동물들과 벌레들에는 곰, 너구리, 개구리, 뱀, 무당벌레, 불나방애벌레 등이 있어요.

절기 속담

경칩 지난 게로군

경칩이 되면 겨울잠을 자던 동물들이 깨어나고 게도 마찬가지로 활동을 시작해요. 이를 빗대어 겨울잠을 자듯 입을 딱 붙이고 있던 사람이 말을 하기 시작할 때 쓰는 속담이에요.

고로쇠물 마시기

경칩에는 단풍나무과에 속하는 고로쇠나무 수액을 마시는 풍습이 있어요. 고로쇠나무 밑동에 상처를 내면 수액이 나오는데, 몸에 좋은 성분이 많이 들어 있어 속병에 좋고 여름에 더위를 타지 않도록 도와준다고 해요. 사람들은 고로쇠나무 수액을 마시며 새로운 기운을 얻곤 하지요.

사랑을 전하는 은행나무 씨앗

경칩에 좋아하는 사람에게 은행나무 씨앗을 선물하면 사랑이 이루어진다고 믿었대요. 씨앗을 선물로 주고받은 후 날이 어두워지면, 은행을 나누어 먹고 수나무 암나무를 돌며 놀았다는 아름다운 이야기가 전해지고 있어요. 그래서 경칩은 우리나라 토종 '연인의 날'로 여겨진답니다.

흙일

우리 조상들은 경칩이 되면 담이나 벽에 흙을 바르는 흙일을 하곤 했어요. 그러면 나쁜 일도 없고, 아프지 않을 거라고 믿었대요.

꽃구경 나온 사람들로 앞마당이 시끌벅적해요.
활짝 핀 꽃들도 따뜻한 봄바람이 좋아서 재잘거리는 것 같아요.

춘분 春分

꽃들이 살랑살랑 속삭여요

양력 3월 21일경   입춘 우수 경칩 **춘분** 청명 곡우

춘분에는 낮과 밤의 길이가 같아요. 하지만 이제부터는 점점 낮이 길어지면서 따뜻해질 거예요.
봄다운 날씨가 찾아오고, 나비도 훨훨 날아와요.

노래하는 봄꽃들

여기저기 꽃들이 활짝 폈어요. 이제야 정말 봄이 온 것 같아요. 노래하듯 살랑대는 봄꽃들이 가득한 봄꽃 축제도 시작돼요. 모두들 맛있는 음식을 싸들고 봄나들이 가요.

봄

개나리

진달래

목련

매화

꽃샘추위

나들이 가기 좋은 날이 계속되다가 갑자기 겨울로 돌아간 것 같은 추위가 찾아와요. 봄이 꽃 피우는 것을 시샘한다는 꽃샘추위가 온 거예요. '춘분 꽃샘에 설늙은이 얼어 죽는다'는 꽃샘추위에 감기 걸리지 않으려면 어떻게 해야 할까요?

외출 후엔 꼭 손부터 씻어요.

틈틈이 운동을 해요.

물을 자주 마셔요.

사한제

냉장고가 없는 옛날에는 얼음이 굉장히 귀했어요. 그래서 추위를 다스리는 북방신인 사한에게 얼음이 잘 얼 수 있도록 겨울의 날씨를 춥게 해 달라고 기원했어요. 이를 '사한제'라고 해요. 음력 12월에 얼음을 빙고에 넣을 때와 춘분 무렵에 빙고에서 얼음을 꺼낼 때 사한제를 지냈답니다. 겨울에 잘 언 얼음은 여름이 되면 나라의 중요한 행사에도 쓰이고 더위를 식히는 데에도 쓰였다니 이런 제사를 지낼 만하지요?

청명 清明

이 나무는 내 나무, 저 나무는 누구 나무?

양력 4월 5일경 입춘 우수 경칩 춘분 **청명** 곡우

청명이란 하늘이 차츰 맑아진다는 뜻이에요. 따뜻한 바람도 솔솔 불어와요.

봄

내 나무 심기

청명에는 날씨가 좋아서 나무를 많이 심어요. 옛날에는 아이가 어릴 때 오동나무와 같은 나무를 심어 '내 나무'라 하며 특별히 아껴 주었다고 해요. 나중에 아이가 성인이 되어 혼인을 할 때 내 나무로 장롱을 만들기도 했대요.

진달래 화전

청명 즈음에 활짝 피는 진달래는 따다가 화전을 부쳐 먹어요. 찹쌀가루를 반죽해 동그랗게 빚고, 그 위에 진달래 꽃잎을 얹어 구워 내면 예쁘고 맛있는 진달래 화전이 된답니다.

따뜻하면서도 시원한 바람이 솔솔 불어와요.
토닥토닥, 길가에 나무 심기도 얼추 끝나 가는 것 같아요.

절기 속담
청명에는 부지깽이를 땅에 꽂아도 싹이 난다

날씨가 따뜻하고 온화한 청명에는 무엇이든 심으면 아주 잘 자라기 때문에 부지깽이처럼 죽은 나무도 심으면 다시 살아난다는 뜻이에요.

청명주 담그기

청명에 담그는 술을 '청명주'라고 해요. 옛 문헌에서 전해 내려오는 청명주를 만드는 방법은 찹쌀을 죽 형태로 만들고 밀가루, 누룩을 섞어 발효시킨 후 찹쌀로 고두밥을 지어 덧술을 해 넣는 것이라고 해요. 청명주는 빛깔이 매우 깨끗하고, 맛이 감미롭고 부드러운 것이 특징이랍니다.

손 없는 날

아무것도 가릴 것 없이 좋은 날을 '손 없는 날'이라고 해요. 사람들은 이런 날을 골라 중요한 일을 하곤 했어요. 청명은 '손 없는 날'이라서 산소를 돌보거나 추운 겨울 동안 미뤄 두었던 집수리를 하기도 하지요.

투둑투둑. 비가 꽤 세차게 내려요.
벚꽃 잎도 꽃비가 되어 하나둘 떨어져 내려요.
개나리 맨션의 봄밤이 이렇게 깊어 가요.

곡우 穀雨

봄비와 함께 봄이 저물어요
양력 4월 20일경   입춘 우수 경칩 춘분 청명 곡우

봄비가 내려 곡식들을 기름지게 한다는 곡우예요.
곡식들이 쑥쑥 자라는 소리가 들려요.

봄

고마운 봄비
곡우에 내리는 봄비는 더운 여름이 되기 전 땅을 촉촉하게 해 주고 나무를 튼튼하게 해 줘요. 무엇보다 농사에 필요한 물을 주기도 하고요. 풍년을 부르는 아주 고마운 비죠?

절기 속담
곡우에 비가 오면 풍년이 든다
곡우 무렵부터 농사 준비를 한창 시작해요. 그중 못자리를 마련하는 일이 가장 중요한데 이때 물이 반드시 필요해요. 그래서 곡우에 비가 오면 그해에 풍년이 든다고 믿었대요.

곡우사리
곡우 즈음에는 서해 바다에서 조기가 많이 잡혀요. 이 조기 떼를 '곡우사리'라고 해요. 곡우사리는 살이 연하고 알이 가득해 가장 맛이 좋다고 해요.

곡우물 마시기

곡우 무렵 나무에는 건강에 좋은 물이 차올라요. 보통 자작나무나 박달나무 수액을 많이 마시는데 이 물을 곡우에 마시는 물이라 해서 '곡우물'이라고 해요. 곡우물은 지역에 따라 거자수물, 다래물, 약물이라고도 불린답니다.

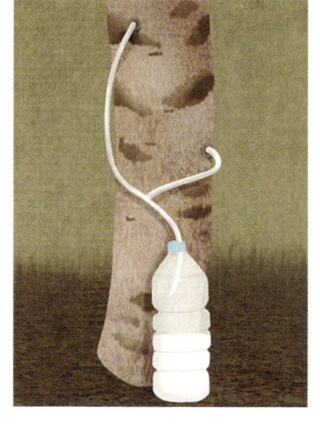

볍씨 담그기

곡우 즈음에 본격적인 농사 준비가 시작돼요. 특히 못자리에 쓸 볍씨의 불순물을 걸러 내고 싹이 잘 나오도록 물이나 소금물에 담그는 '볍씨 담그기'는 아주 중요한 일이랍니다. 이 볍씨는 매우 귀해서 아무나 보지도 만지지도 못하게 했대요. 심지어 초상집에 다녀온 사람은 절대로 볍씨 근처에도 가지 못했다나요?

우리들의 신나는 여름

김수연

온 세상이 푸르러지는 5월, 우리들을 위한 계절이 성큼 다가와요.
쏟아지는 햇살에 초록빛 잎사귀도, 우리들 웃음도 반짝반짝 빛나요.

입하 立夏 | 푸른빛 가득, 여름의 시작

양력 5월 6일경 입하 소만 망종 하지 소서 대서

5월 5일은 어린이날이지요? 그 무렵에 입하가 찾아와요. 산과 들에 여름이 싱그럽게 물들기 시작해요. 이제 시원한 여름 티셔츠와 반바지를 꺼내야겠어요.

여름

이팝나무

이팝나무에 하얀 꽃이 탐스럽게 피어요. 입하 즈음 꽃이 피어 '입하목'이라 부르기도 하지요. 꽃이 꼭 흰쌀밥 같지 않나요? 옛날에는 이팝나무 꽃이 활짝 피면 풍년이 들어 흰쌀밥(이밥)을 배불리 먹을 수 있다고 생각했대요.

모가 쑥쑥 자라요

곡우 때 뿌린 볍씨에서 싹이 쏙 나와, 모가 자라기 시작해요. 이제 농부들은 잡초도 뽑고 해충도 잡느라 더 바빠진답니다.

쑥버무리

모판에 뿌리고 남은 볍씨를 빻아 가루를 만들고, 아직 봄 향기를 머금은 어린 쑥을 함께 버무려 시루에 쪄 내면 맛있는 쑥버무리가 돼요. 재료도 간단하고 만드는 방법도 참 쉬운 영양 간식이에요.

쑥은 깨끗이 씻은 후 물기를 빼요.

체에 내린 쌀가루와 쑥을 섞어요.

설탕과 소금을 넣어 골고루 섞어요.

김이 오른 찜기에 젖은 면포를 깔고 쪄 내면 완성!

입하차

입하에 찻잎을 따서 만든 '입하차'는 그 향과 맛이 아주 훌륭하다고 해요. 곡우에 딴 찻잎으로 만든 차는 '곡우차'라 불러요. 그 해 처음 딴 찻잎으로 만든 차는 '첫물차', 두 번째로 딴 찻잎으로 만든 차는 '두물차'라고 한대요. 언제 땄는지, 몇 번째로 땄는지에 따라 이름도 맛도 달라진답니다.

조막손으로 알록달록 봉숭아꽃 아름 따다 줄기차게 찧어요.
어느새 주홍색 꽃물이 내 손톱에도 하나, 네 손톱에도 하나
예쁘게 물들어 가요.

소만 小滿 | 햇살 가득, 여름이 느껴져요

양력 5월 21일경 입하 **소만** 망종 하지 소서 대서

소만은 햇살이 풍부하고 모든 것이 가득 찬다는 의미를 가지고 있어요. 흔히 이 시기를 '초여름'이라고 해요. 자, 이제 설렘을 안고 여름의 문턱에 들어서요.

여름

봉숭아꽃 물들이기

이즈음에는 학교 화단, 공원 등 어딜 가나 봉숭아꽃이 많이 펴요. 봉숭아꽃과 잎사귀를 따다 손톱에 물을 들여 봐요. 첫눈이 올 때까지 손톱에 꽃물이 남아 있으면 첫사랑이 이루어진대요.

깨끗이 씻은 봉숭아 꽃잎과 잎사귀를 준비해요.

명반(백반)과 꽃잎, 잎사귀를 넣고 콩콩 찧어요.

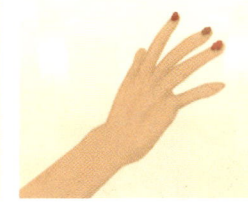
손톱 위에 가지런히 올려놓아요.

천으로 싸고 실로 총총 감아 두어요. 하룻밤 자고 나면 예쁜 꽃물이 짜잔!

죽순

산과 들이 한창 푸르러질 때, 대나무는 홀로 푸른빛을 잃어 가요. 왜냐하면 대나무의 새싹인 죽순이 돋아나고 있거든요. 엄마 대나무는 새로 태어나는 죽순에게 영양분을 모두 주고 누렇게 변해 가요. 그래서 이때 대나무를 가을 대나무(죽추)라고도 부른답니다.

보릿고개

가을에 추수한 곡식이 떨어져 먹을 게 없는 데다 보리는 익어 가는 중인 이즈음은 예로부터 매우 어려운 시기였어요. 농사일은 많은데 햇보리를 베기 전까지는 넘기 힘든 고개라 하여 '보릿고개'라는 말이 생길 정도였지요.

수확을 기다리는 보리 이삭

푸르던 청보리가 어느덧 누렇게 익어 가요. 가을에 심은 보리가 추운 겨울을 잘 견뎌 주었나 봐요. 고마운 양식이 되어 줄 보리야, 무럭무럭 자라라.

왁자지껄 재잘대는 소리가 논바닥 가득,
한바탕 웃음소리가 파란 하늘 가득,
온 마을이 분주한 여름 준비로 소란해요.

망종 芒種 | 바쁘다, 바빠!
양력 6월 6일경 입하 소만 **망종** 하지 소서 대서

망종이란 벼와 같은 곡식의 종자를 뿌리기에 적당한 시기로, 모내기와 보리 베기를 하는 때예요. 논에 모를 심기 시작해 농부들이 참 바쁜 때랍니다.

여름

모내기
모판에서 쑥쑥 자란 모를 논에 옮겨 심는 모내기가 한창이에요. 양쪽 끝에 쳐 둔 못줄을 줄잡이가 옮기면, 못줄 뒤로 사람들이 서서 모를 심어요. 일손이 많이 필요하고 중요한 농사일이라 예로부터 가족, 이웃이 모여 서로 도왔답니다. 요즘에는 '이앙기'라는 기계를 이용해 편리하게 모를 심어요.

절기 속담
발등에 오줌 싼다

망종 무렵은 일 년 중에 가장 바쁜 농번기예요. 모내기 철이 되면 화장실에 갈 틈도 없이 바쁘다는 걸 의미하는 속담이랍니다.

보리그스름

망종이 되면 설익은 풋보리를 베어다가 불에 구워 먹어요. 불에 그을린 보리를 손으로 비벼 먹으면 맛이 정말 고소하답니다. 보리그스름을 먹으면 다음 해 보리 농사가 잘 되고, 밤이슬을 맞은 보리를 먹으면 아픈 허리가 낫는다고 해요.

반딧불이와 사마귀

이 시기에는 반딧불이와 사마귀를 볼 수 있어요. 반딧불이는 '개똥벌레'라고도 불려요. 여름밤 빛을 내며 밤이슬을 먹고 사는 반딧불이를 만나게 되면 얼마나 좋을까요?

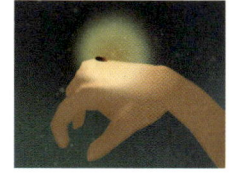 

매화 열매

배가 아플 때 매실차를 마셔 본 적 있나요? 매실이 바로 매화나무 열매랍니다. 망종 이후에 딴 매실이 제철이라고 해요.

이글이글 뜨거운 태양 아래,
더위도 잊고 시끌벅적 신나게 놀아요.

하지 夏至

이글이글 내리쬐는 뜨거운 태양
양력 6월 21일경 입하 소만 망종 **하지** 소서 대서

하지는 일 년 중 해가 가장 높게 뜨고 낮이 가장 긴 때예요. 날씨가 점점 후끈후끈 더워져요. 선풍기도 꺼내고, 에어컨도 미리 점검해야겠어요.

하지점

지구에서 바라볼 때 태양이 움직이는 길을 '황도'라고 해요. 하지가 되면 태양이 황도의 가장 북쪽에 위치하는데, 이를 '하지점'이라고 부르지요. 낮이 일 년 중 가장 길어서 무려 14시간 35분이나 된답니다. 정오에 뜨는 태양의 높이도 가장 높아지는데, 이 열로 인해 날이 점점 더워져요.

매미 우는 소리

이 무렵이 되면 대표적인 여름 곤충인 매미가 우렁차게 울기 시작해요. 그 덕에 여름이 온 것을 느낄 수 있지요. 3~7년 동안 땅속에서 애벌레로 사는 매미는 어른 매미가 되면 고작 2~4주 정도 나무나 풀밭에서 살다가 죽어요. 오랜 시간 동안 기다려서인지 여름 내내 매미는 지치지도 않고 맴맴 운답니다.

여름

하지감자

하지에는 햇감자를 수확해요. 하지가 제철이어서 '하지감자'라고 불러요. 감자를 캐어다가 포슬포슬 쪄 먹거나 노릇노릇 감자전을 부쳐 먹어요.

기우제

옛날에는 하지 무렵에 비가 오지 않으면 비가 내리기를 기원하는 기우제를 지내곤 했어요. 농경 사회에서 기우제는 중요한 의식이었기 때문에 왕이 직접 제사를 지냈어요. 보통 사람들은 대문에 물병을 거꾸로 매달거나 강물을 담은 키를 머리에 이고 다니며 비가 오기를 기원했대요. 산 위에서 장작을 쌓아 불을 지피기도 하고, 비구름을 부르는 용을 그리거나 만들어서 제사를 지내는 용제를 하기도 했답니다.

후드득후드득. 며칠째 장맛비가 시도 때도 없이 떨어져요.
싱그러운 초록빛 세상이 빗방울에 잠겨 가요.

소서 小暑

무덥고 습한 장마가 시작돼요

양력 7월 7일경   입하   소만   망종   하지   **소서**   대서

소서는 '작은 더위'라 불리며 본격적인 여름철 더위가 시작되는 시기지요. 장마가 시작되어 끈적끈적 습하고 더운 날씨가 이어져요.

여름

장마

여름에 오랫동안 비가 많이 내리는 시기를 '장마'라고 해요. 6월 중순에서 7월 중순까지 약 한 달쯤 비 오는 날이 계속되지요. 갑자기 소나기가 쏟아지기도 하고요. 그러니 미리 비옷과 우산, 장화를 준비해 두는 게 좋겠지요? 장마가 끝나면 본격적인 무더위가 시작된답니다.

여름 채소와 민어

소서에는 여러 여름 채소들이 풍성하게 열매 맺기 시작하는데 아주 신선하고 맛이 좋아요. 특히 단물이 오른 애호박이 맛있다고 해요. 생선 중에서는 민어가 제철이에요. 애호박 송송 썰어 보글보글 민어매운탕을 끓여 먹어도 좋고, 민어조림이나 구이, 찜을 해 먹기도 해요.

삼복더위

무더위가 가장 기승을 부리는 때를 '삼복'이라고 해요. 초복, 중복, 말복이 있는데 소서에서 처서 사이에 들어요. 가장 더울 때라 건강 관리를 잘해야 한답니다. 옛날에는 삼복이 되면 시원한 계곡이나 개울에 발을 담그며 몸에 좋은 음식을 먹는 풍습인 '복달임'을 하며 더위를 이겨 내곤 했어요. 지금도 사람들은 삼복이 되면 닭에 인삼, 대추 등을 넣고 끓인 보양식인 삼계탕을 즐겨 먹으며 시원한 곳을 찾지요.

연꽃

이 무렵이 되면 연못에서 연꽃이 피어요. 진흙 속에서 깨끗한 꽃을 피워 내어 예로부터 사랑을 받아 온 꽃이랍니다. 그 모습이 어찌나 수수하고 아름다운지 해마다 축제도 열리지요. 연못 땅속에 있는 줄기는 우리가 반찬으로 먹는 연근이라는 사실, 알고 있나요?

후끈후끈 무더운 찜통더위지만
시원한 물놀이, 맛있는 수박 그리고 신나는 여름 방학이 있는
여름이 너무 좋아요.

대서 大暑

불볕더위! 찜통더위!
양력 7월 23일경   입하 소만 망종 하지 소서 **대서**

대서는 더위가 가장 심한 시기예요.
신나는 여름 방학이 시작되는 때이기도 하지요.

여름

절기 속담 염소 뿔도 녹는다

대서에는 얼마나 더운지 염소 뿔도 녹는다는 속담이 있을 정도예요. 최근 지구 온난화로 숨 쉬기조차 어려울 만큼 더위가 심해졌어요. 이러한 더위를 '폭염'이라고 해요. 폭염에 무리한 실외 활동을 하게 되면 일사병, 열사병 등 온열 질환에 걸릴 수도 있으니 조심해야 해요.

열대야

제일 낮은 기온이 25도를 넘는 밤이에요. 너무 더워서 쉽게 잠들기 어려운 열대야 현상은 주로 7월 초에 시작돼 8월까지 이어져요. 열대야가 심해지면 집중력이 떨어지고 피곤해질 수 있어요.

여름 방학

날이 무더워지면 학교에서는 여름 방학이 시작돼요. 한 달 정도 쉬면서 더위를 피해 바다나 계곡을 찾아 신나게 놀기도 하지요. 어른들도 여름 휴가를 떠나요.

폭염을 이기는 방법

폭염을 건강하게 나기 위해 하면 좋을 건강 관리 방법을 알아볼까요?

물을 자주 마셔 수분을 보충해요.

더운 시간대에는 실내에서 쉬면서 적정 실내 온도를 유지해요.

양산이나 챙이 넓은 모자를 써서 햇빛을 가려요.

여름 과일

날이 더운 만큼 여름 과일은 이때가 가장 맛있답니다.
특히 참외와 수박이 달콤하고 시원해 수분을 보충하기 좋아요.

김매기와 거름 만들기

무더위에도 농촌은 쉴 틈이 없어요. 농작물이 열매 맺는 데 방해가 되는 잡초를 뽑는 김매기도 하고, 농작물이 잘 자랄 수 있도록 거름도 만들어요.

양덕원의 가을

정수

"안녕하세요, 할머니. 여기 이 박스들 가지고 가면 되나요?"
"왔어? 응, 그 상자들 가지고 가면 돼.
인천 인자네, 미자네, 화정 향숙이네, 덕소 정배네, 어디 빼먹은 데 없나 몰라.
이거 먼저 챙겨 놔. 내가 기사 양반 먹을 옥시기* 쪄 놨어."
"아이고, 할머니 안 그러셔도 되는데 잘 먹겠습니다.
수첩 주세요. 제가 주소 다시 확인할게요."

입추 立秋 아직 덥지만 가을이 오고 있어요

양력 8월 8일경 **입추** 처서 백로 추분 한로 상강

입추는 가을의 시작이지만 아직 한여름 무더위는 꺾이지 않았어요. 하지만 이제 곧 밤에는 선선한 바람이 불어올 거예요.

가을

어정 7월 건들 8월

바쁜 농사일이 끝나고 조금 한가해진 시기라 어정대며 지낸다 해서 '어정 7월', 시원한 곳과 그늘을 찾아 건들거리며 지낸다 해서 '건들 8월'이라는 말이 전해져요. 어린이들도 즐거운 여름 방학을 보내고 있나요? 규칙적인 생활은 여름을 더욱 건강하고 신나게 지낼 수 있도록 만들어 줄 거예요.

배추와 무를 심어요

이 시기에 농부들은 참깨, 옥수수를 수확하고 일찍 거두어들인 밭에 김장용 배추와 무를 심기 시작해요. 씨앗을 뿌려 파종한 후, 모종을 심은 지 두 달 정도 지나면 속이 꽉 찬 배추와 시원한 무를 수확할 수 있어요.

* 옥수수의 강원도 사투리예요. 지금은 잘 쓰지 않지만 지역에 따라 강내미, 옥쑤기 등 다양하게 불렀대요.

절기 속담
입추 때는 벼 자라는 소리에 개가 짖는다

입추 무렵이 되면 늦여름의 따가운 햇볕을 받아 벼가 아주 잘 자라요. 얼마나 잘 자라는지 귀 밝은 개가 벼 자라는 소리를 듣고 짖을 정도래요. 벼가 자랄 땐 어떤 소리가 날까요?

옥수수

7월 하순에서 8월 초순에 옥수수를 수확해요. 입 안에서 톡톡 터지는 옥수수 알갱이는 달콤 고소하고, 할아버지 수염처럼 기다란 옥수수수염은 차로 끓여 마시면 구수해요.

기청제

고려 시대, 조선 시대에는 입추가 지나서도 비가 계속 오면 비를 멈추어 달라고 제사를 지냈어요. 입추에는 벼가 햇볕을 받아 여물어야 하는데, 비가 많이 오면 벼가 상해 흉년이 들 수 있기 때문이에요.

"처서가 지나면 모기 입이 삐뚤어진다더니. 그래서 그런가 모기랑 파리가 매가리가 없네."

"밖에 귀뚜라미 소리도 나는 거 같고. 인제 진짜 가을이 왔나 봐요."

"날씨도 아침저녁으로 선선하니 군에 있는 애도 덜 고생하겠어."

처서 處暑

더위야, 물렀거라!
양력 8월 23일경 입추 **처서** 백로 추분 한로 상강

더위가 그친다는 처서예요. 이제 무더운 여름이 지나고 선선한 가을이 훌쩍 다가왔어요.

가을

귀뚜라미

'가을은 귀뚜라미 등을 타고 온다'는 말이 있어요. 우리 조상들은 귀뚜라미 소리가 들리기 시작하면 여름을 돌아보고 가을을 준비했대요. 가을밤, 선선한 바람 타고 울려 퍼지는 귀뚜라미 울음소리를 들어 보았나요?

절기 속담

모기도 처서가 지나면 입이 삐뚤어진다

처서가 되면 밤잠도 설치게 만든 무더위가 점점 누그러져요. 낮은 온도에 약한 모기들도 사람의 피를 열심히 빨아 먹던 여름철에 비해 기운이 없어져, 서서히 자취를 감춰요.

복숭아

처서에 먹는 복숭아는 탐스럽고 향긋하면서도 아주 달콤해요.

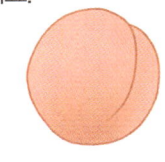

포쇄

조선 시대에는 처서가 되면 '포쇄별감'이라는 벼슬아치를 사고로 보내 《조선왕조실록》을 바람과 햇볕에 말리도록 했는데, 이를 '포쇄'라고 해요. 부인들과 선비들도 여름 동안 눅눅해진 책이나 곡식, 옷, 이불 등을 그늘에서 말리는 음건을 하거나 포쇄를 했답니다.

호미씻이

여름내 매만지던 호미와 농기구들을 깨끗이 씻어 놓고 잔치를 여는 날이에요. 하루 종일 마음 편히 먹고 마시며 노는 것이지요. 그동안 열심히 일한 농부들의 회식이라고 할 수 있어요.

처서비

사람들은 처서에 내리는 비를 반가워하지 않아요. 따사로운 가을 햇볕을 받아야 농작물이 잘 자라 풍년이 드는데, 비가 오면 열매가 상하거나 잘 자라기 힘들거든요. '처서에 비가 오면 독 안에 든 쌀이 줄어든다'라는 속담이 있을 정도로 옛사람들은 처서에 비가 오지 않기를 바랐답니다.

백로 白露

완연한 가을이 되었어요!
양력 9월 8일경 입추 처서 **백로** 추분 한로 상강

풀잎에 하얀 이슬이 맺힌다는 백로예요.
가을의 기운이 느껴지는 맑은 날씨가 계속 되지만
간혹 남쪽에서는 태풍과 해일로 피해를 입기도 해요.

하얀 이슬

백로는 흰 백(白)에 이슬 로(露)가 합쳐진 말로 '하얀 이슬'을 뜻해요. 이맘때가 되면 밤 동안 기온이 점차 떨어지고, 대기 중의 수증기가 엉겨 풀잎에 이슬이 맺히거든요.

밤

이즈음 밤을 수확하기 시작해요. 밤을 딸 때 주의점을 알아볼까요?

긴 막대를 사용해요.

긴 팔, 긴 바지, 양말, 운동화를 꼭 신어요.

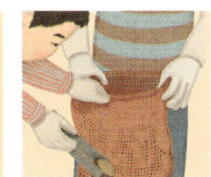
장갑을 끼고 집게를 사용해요.

가을

"형이 발로 밤송이를 벌리면 네가 집게로 밤을 쏙 빼는 거다."
"와, 할아버지! 뾰족한 가시 안에 굵은 밤이 들어 있어요!"
"할아버지가 잘 익은 밤송이를 털어 줄 테니 그 만큼만 가져가자꾸나. 밤 가시 조심해야 한다!"

벌초하기
조상의 묘를 찾아가 풀과 잡초를 뽑고, 주변을 깨끗이 정리하여 추석 맞을 준비를 해요.

근친
백로 즈음은 바쁜 여름 농사일을 마치고 추수하기 전이라 한숨 돌릴 틈이 있는 시기였어요. 이때 시집간 딸들은 하루 정도 친정에 다녀올 수 있었는데, 이를 '근친'이라고 해요. 옛날에 여자들은 결혼을 하면 부모님을 마음대로 찾아가기가 쉽지 않았어요. 하지만 이때만큼은 보고 싶은 부모님 얼굴을 볼 수 있는 좋은 기회였지요.

포도
이 시기에는 햇볕이 가득 내리쬐어 포도알마다 단물이 잔뜩 배어요. 백로부터 추석까지를 '포도 순절'이라 할 만큼 포도가 제철이지요. 포도를 한 알씩 까서 자식들 입 속에 쏙 넣어 주는 어머니의 사랑을 '포도지정'이라 부르기도 해요.

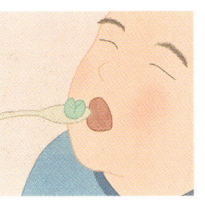

"이번 벼농사가 잘됐어."
"그러게요. 내일은 누구네 추수예요?"
"내일은 성룡이네야."
"그럼 내일 콤바인 잘 쓸 수 있게 우리 추수 끝나면 기름칠해 놓을게요."
"그래, 고마워. 다들 끝나고 우리 집에 저녁 먹으러 와."
"가면서 탁주나 사 가지고 가야겠네."
"걱정 말게. 우리 집에 다 있어."

추분 秋分

점점 밤이 길어져요
양력 9월 23일경 입추 처서 백로 **추분** 한로 상강

이제부터는 낮보다 밤이 길어져요. 추분과 춘분은 모두 밤낮의 길이가 같지만, 추분이 더 따뜻한 이유는 아직 여름 더위가 남아 있기 때문이에요.

벼 베기

추분이 되면 여름, 가을 동안 잘 익은 벼를 베어요. 옛날에는 손으로 일일이 베었지만, 요즘에는 '콤바인'이라는 기계를 이용해 탈곡까지 동시에 할 수 있어 편리하답니다. 볍씨에서 벼가 자라고 쌀이 되어 우리가 먹는 밥이 되기까지의 과정을 살펴볼까요?

볍씨 심기

모내기

익어 가는 벼

벼 베기

탈곡

쌀

밥

가을

가을걷이

잘 익은 곡식들을 거둬들이는 가을걷이가 시작돼요. 이를 '추수'라고도 부르지요. 벼를 비롯해 귀리, 조, 메밀, 콩, 수수, 참깨 등을 수확하고, 대추, 사과, 배처럼 맛있는 과일도 딴답니다. 많은 농작물들을 수확해야 해서 바쁜 때예요. 추수가 끝나면 겨울을 날 양식을 마련하고, 다음 해 농사에 쓸 씨앗도 준비해야 해요.

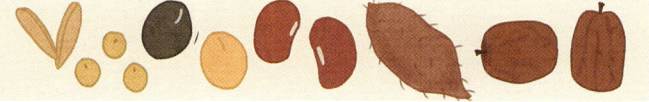

버섯

추분에 제철인 버섯은 향도 영양분도 아주 풍부해요. 송이버섯, 표고버섯, 느타리버섯 등을 잘 구워 먹으면 고기를 먹는 것처럼 맛과 식감이 뛰어나답니다.

노인성제

밤하늘에서 두 번째로 밝은 별은 카노푸스로, '노인성'이라고도 불러요. 왜냐하면 이 별은 인간의 수명을 관장하기 때문에 보면 오래 살 수 있고, 좋은 일이 생긴다고 믿었거든요. 평소에는 보기 힘든 별이지만, 추분 즈음 볼 수 있어요. 이때 노인성에게 지내는 제사를 '노인성제'라고 해요.

"여보세요."
"아버지, 저예요. 엄마랑 어디 밖이세요?"
"응, 네 엄마가 날 더 추워지면 안 된다고 해서 지금 깨랑 콩 타작하고 있어."
"그래서 엄마가 전화 소리를 못 들었구나."
"엄마가 잔소리한다. 끊자."

"여보! 인자 엄마! 이따! 큰 애가! 전화 달래!"

한로 寒露

짙어 가는 가을 빛
양력 10월 8일경 입추 처서 백로 추분 **한로** 상강

한로는 '찬 이슬'이란 뜻으로, 공기가 점점 추워져 찬 이슬이 서리로 변하기 직전의 시기를 말해요. 기온이 더 내려가기 전에 남은 추수를 끝마쳐야 해요.

가을

타작

곡식의 껍질을 털어 알맹이를 거두는 일이에요. 한로에는 논과 밭에서 오곡백과를 수확하기 위해 타작이 한창이랍니다. 오곡백과의 오곡은 다섯 가지 중요한 곡식인 쌀, 보리, 조, 콩, 기장을 말해요. 모든 곡식과 과일을 통틀어 흔히 오곡백과라 부르기도 해요.

품앗이

옛날부터 농촌에는 힘든 농사일이 많아서 서로 돌아가며 돕곤 했어요. 이 무렵 곡식을 타작하는 일도 중요한 농사일 중 하나라, 많은 사람들이 품앗이를 할수록 일이 덜 힘들고 빨리 끝나지요.

도리깨

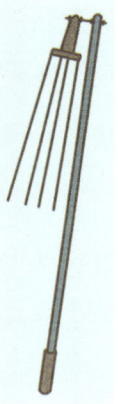

콩, 깨, 보리 등 곡식을 두들겨 알갱이를 털어내는 데 쓰이는 농기구예요. 도리깨로 타작을 할 때마다 콩이 퐁, 깨가 톡 튄답니다. 참 재밌지 않나요?

절기 속담

한로가 지나면 제비도 강남으로 간다

여름새인 제비는 날이 더 추워지기 전에 따뜻한 곳을 찾아 이동해요. 음력 3월 3일 삼짇날에 우리나라에 왔다가 한로가 지나 서늘해지면 중국 양쯔강 남쪽인 강남으로 돌아간답니다. 반면에 겨울새인 기러기는 북쪽에서 우리나라로 돌아와요.

추어탕

미꾸라지는 가을이면 누렇게 살찌는 고기여서 '추어'라 불리게 됐다고 해요. 그만큼 이 무렵에 맛이 좋아 추어탕을 즐겨 먹지요. 추어탕을 먹으면 여름 더위로 잃은 기운이 회복된다고 해요.

상강 霜降 | 울긋불긋 단풍 구경 가요

양력 10월 23일경 입추 처서 백로 추분 한로 **상강**

상강은 늦가을이 되어 서리가 내리는 시기를 뜻해요. 일교차가 큰 만큼 감기에 걸리지 않도록 조심해요!

가을

단풍
녹색이던 나뭇잎이 가을이 되면 빨간색, 노란색, 갈색 등으로 알록달록 옷을 입어요. 단풍이 절정인 상강에는 아름답게 물든 가을 산을 보기 위해 많은 사람들이 단풍놀이를 떠나지요.

국화
가을의 꽃이라 불리는 국화가 활짝 펴요. 향긋한 국화를 따다 국화전, 국화차, 국화주 등을 만들어 먹으면 가을의 정취가 담뿍 느껴져요.

국화전   국화차   국화주

"오전에 배추만 얼른 다 묶고 국화꽃 따다가 국화전 어때요?"
"국화전? 말만 들어도 향긋하구먼.
오후에 국화전 들고 노인정 사람들이랑 놀러 갑시다."
"좋아요. 은행이랑 감말랭이도 같이 챙길게요."

감

가을이 제철인 감은 먹는 시기와 방법에 따라 다양한 이름을 지녔어요. 화려한 감의 변신! 알고 있나요?

땡감, 단감

연시, 홍시

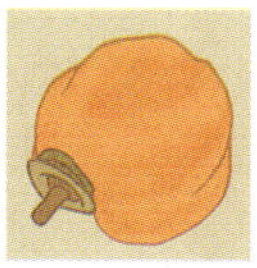

반건시

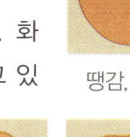
감말랭이

곶감

겨울맞이

서리가 내리기 전 농촌은 마지막 가을걷이를 하느라 한창 바빠요. 우리는 어떤 겨울맞이 준비를 할까요?

문풍지 붙이기

겨울옷 꺼내기

둑제

군대가 출정할 때 전쟁에서 승리를 거두고 무사히 돌아오기를 바라며 지낸 제사를 말해요. 전쟁 때뿐 아니라 봄인 경칩과 가을인 상강에 지내곤 했지요. 둑(纛)은 고려와 조선 시대 때 군대의 행렬 앞에 세우던 깃발로, 검은 소의 꼬리로 만들었다고 해요.

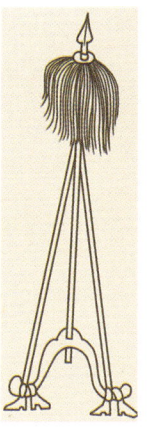

유주네 가족의 겨울

박연경

유주네 가족은 겨울이면 할머니와 쌍둥이 사촌 동생이
함께 사는 고모 집에 놀러 가요.
"할머니, 배추가 엄청 많아요!"
"우리 가족 다 먹으려면 넉넉히 만들어야지.
얘야, 김칫소 모자라지 않겠냐?"

입동 立冬 | 겨울 채비에 바빠요

양력 11월 7일경 입동 소설 대설 동지 소한 대한

겨울의 시작. 이제 따뜻한 외투를 준비하고 난방 기구를 점검해요. 찬 바람 쌩쌩 부는 추위에 대비해 입동에 하는 일은 또 무엇이 있을까요?

겨울

김장

입동에는 가을 동안 무럭무럭 자란 무와 배추를 수확해 김장을 해요. 옛날에는 겨울에 그때그때 먹을 수 있는 신선한 채소를 구하기 어려워 김치를 담가 저장하곤 했어요. 지금도 일 년 동안 먹을 김치를 담그는 일은 온 가족과 이웃이 모여 함께하는 중요한 겨울 채비랍니다.

배추에 소금을 뿌려 7~8시간 동안 절여요.

채 썬 무, 고춧가루, 젓갈, 소금, 찹쌀 풀, 마늘, 파 등을 넣고 버무려 김칫소를 만들어요.

배춧잎 사이사이에 김칫소를 바른 후 겉잎으로 동그랗게 감싸요.

치계미

입동에는 같은 마을에 사는 나이 많은 어른들에게 선물을 하거나 맛있는 음식을 대접하는 '치계미'라는 풍습이 있었어요. 형편이 어려운 사람들은 도랑에 있는 미꾸라지를 잡아 보양식인 추어탕을 대접하는 '도랑탕 잔치'를 벌였다고 해요.

겨울잠을 자는 동물들

입동이 되면 동물들은 추운 겨울을 나기 위해 땅속에 굴을 파고 겨울잠을 자기 시작해요.

날씨 점치기

입동이 되면 그해 겨울 날씨를 점쳤어요. 옛날 사람들은 입동에 날씨가 추우면 그해 겨울도 무척 추울 것이고, 따뜻하면 겨울도 따뜻할 거라고 믿었대요.

소설 小雪 | 기다리고 기다리던 첫눈이 왔어요!
양력 11월 22일경 입동 **소설** 대설 동지 소한 대한

첫눈이 내린다는 소설이에요. 이제 땅이 얼기 시작하면서 매서운 첫 추위가 찾아와요. 첫눈이 펑펑 내리면 무엇을 하고 싶나요?

첫눈 오는 날에 하는 놀이
눈 오는 날에만 할 수 있는 재밌고 특별한 놀이에는 무엇이 있을까요?

눈사람 만들기    눈싸움 하기    눈썰매 타기

절기 속담
초순의 홑바지가 하순의 솜바지로 바뀐다

소설이 되면 급격히 추워지는 날씨를 나타내는 속담이에요. 장롱 속에 잠자고 있던 두툼한 겨울옷을 얼른 꺼내 두어야겠어요.

겨울

"엄마, 우리가 만든 눈사람 너무 멋져요!"
첫눈으로 마을은 온통 눈 세상이 되었어요.
"썰매는 비료 포대가 최고지! 시온아, 준비됐지?"
"와! 신난다."
"온유는 외삼촌이 썰매 끌어 줄게."

손돌바람

매해 소설 무렵이면 날씨가 춥고 바람이 매섭게 부는데 이를 '손돌바람', '손돌추위'라고 해요. 뱃사람들은 이 바람 때문에 뱃길을 금하기도 했대요. 손돌바람에는 다음과 같은 슬픈 설화가 전해져 오고 있어요.

고려 시대 왕이 피난을 가게 되었다. 뱃사공 손돌이 뱃길을 안내하였는데 물살이 급한 쪽으로만 배를 움직여 파도에 배가 심하게 흔들렸다.

왕은 화가 머리끝까지 났다.
"나를 물에 빠뜨리려는 게냐?"
"아닙니다. 이 길이 가장 안전한 길입니다."
왕은 손돌의 말을 믿지 않았다.

의심 많은 왕은 손돌을 죽이라 명했다. 손돌은 바가지를 물에 띄우고 눈물을 흘리며 "바가지를 따라가십시오"라는 말을 남겼다.

손돌이 죽은 후, 물살은 더 급해졌다. 왕과 대신들은 할 수 없이 바가지를 따라갔고, 무사히 도착할 수 있었다. 비로소 왕은 손돌의 충심을 깨달았지만 이미 때는 늦은 뒤였다.

온 집 안이 고소한 냄새로 가득해요.
"유주가 섞어 주면 아빠가 절굿공이로 찧을게."
"이렇게?"
"응, 잘하네. 우리 딸."

대설 大雪

큰 눈이 세상을 포근하게 덮어 줄까요?
양력 12월 7일경 입동 소설 **대설** 동지 소한 대한

눈이 많이 내린다는 대설이에요. 우리 집 간장, 된장, 고추장 맛을 좌우하는 메주를 맛있게 쑤어요.

큰 눈이 올까요?
대설에 눈이 많이 내리면 다음 해 봄이 따뜻하고 풍년이 든다는 이야기가 있어요. 하지만 대설이라고 해서 반드시 눈이 많이 내리는 건 아니랍니다.

농한기
농사일이 한가한 시기예요. 가을에 수확한 곡식들과 먹을거리들로 곳간이 가득 차 마음이 든든해요. 곧 새해 맞을 준비도 시작해요.

절기 속담
눈은 보리의 이불이다
이글루 안이 훈훈하듯이 보리 들판에 두껍게 쌓인 눈은 따뜻한 이불 역할을 해 주어요. 그래서 대설에 눈이 많이 오면 보리가 잘 자란다는 말이 있는 거랍니다.

겨울

메주 쑤기

좋은 햇메주콩을 골라 깨끗이 씻고, 반나절 동안 불려요.

가마솥에 넣고 푹 삶아요.

삶은 콩을 절구에 넣고 잘 찧어요.

네모난 틀에 넣어 찍은 후 볏짚 위에서 말려요.

따뜻한 곳에 두어 메주를 띄우면, 몸에 좋은 하얀 곰팡이가 피어요.

볏짚으로 묶어 매달아 두었다가 된장, 고추장, 간장을 만들어요.

"고모, 엄청 많이 만들었죠?"
"우와, 솜씨가 끝내주는걸?"
"유주야, 너 알고 있니?
오늘 팥죽을 안 먹으면 일 년 동안 귀신이……."
"으아, 고모부는 거짓말쟁이!"
"으하하하."

동지 冬至

긴긴 겨울밤, 팥죽 먹고 한 살 먹기
양력 12월 22일경 입동 소설 대설 **동지** 소한 대한

동지는 일 년 중 밤이 가장 길고 낮이 가장 짧은 날이에요. 동지 이후부터 해가 다시 살아나 낮이 길어진다고 생각해 동지를 '작은 설'이라고 한대요.

동지 책력

옛날 궁궐에서는 동지를 한 해의 시작으로 생각해 책력, 즉 달력을 만들어 나누어 주었어요. 책력에는 월일, 절기, 날씨와 기후의 변화, 날짜마다 해도 좋은 일과 하면 좋지 않은 일 등이 적혀 있었어요. 일상 생활과 농사일에 필요한 정보가 담긴 아주 귀중한 선물이었지요.

동지 헌말

옛날에는 새 버선을 신고 동짓날 차츰 길어지는 그림자를 밟으면 수명도 길어져 오래 살 수 있다고 믿었어요. 이러한 소망을 담아 며느리가 시어머니와 시누이에게 버선이나 신발을 선물했대요.

겨울

황감제

옛날에는 귤이 매우 귀했어요. 멀리 바다 건너 제주에서 난 귤을 동지 즈음 임금님께 바치면, 임금님은 맛있는 음식과 베와 비단을 내주며 기뻐했대요. 이것을 기념하여 성균관 유생들에게 귤을 나누어 주고, '황감제'라는 특별한 시험을 실시하기도 했답니다.

동지 팥죽

동지는 '작은 설'로 여겨져 팥죽에 새알심을 나이 수만큼 넣어 먹어요. 팥죽을 먹는 풍습에는 다음과 같은 이야기가 전해져요. 옛날 중국에 공공 씨네 못난 아들이 있었는데, 동짓날에 죽어 귀신이 되었어요. 그 귀신은 전염병을 옮기는 나쁜 귀신이어서 사람들을 괴롭혔어요. 살아 있을 때 팥을 싫어하여 사람들은 팥죽을 쑤어 먹으며 귀신을 쫓아내었다고 해요. 팥죽을 먹기 전에 한 그릇 떠서 솔가지로 집 안 곳곳에 뿌리는 풍습 또한 귀신을 쫓고 나쁜 일이 생기지 않는다고 믿었기 때문이에요.

"누나, 여기 와서 고구마 먹어. 엄청 맛있어."
"시온아, 누나는 이불 속이 너무 좋아.
다 먹고 딱지치기 한 판 어때?"
"나도, 나도!"

소한 小寒 | 춥다, 추위! 가장 추운 겨울이 왔어요

양력 1월 6일경　입동　소설　대설　동지　**소한**　대한

'작은 추위'라는 소한이에요. 하지만 이때가 가장 춥답니다. 옷을 든든히 입고 감기에 걸리지 않도록 조심해야겠어요.

강추위

춥지 않은 소한은 없대요. 소한은 작은 추위라는 뜻과는 달리 실제로는 일 년 중 가장 추운 날이에요. 참 신기하지 않나요?

겨울철 먹거리

군고구마　군밤　귤
붕어빵　유자차

절기 속담

소한 추위는 꾸어다가라도 한다

소한에 추워야 병해충이 얼어 죽고 흙은 부드러워져 봄에 싹이 쉽게 나올 수 있다고 해요. 다음 해 농사가 풍년이 들려면 추위가 꼭 필요하다는 것이지요. 또 추위를 이겨냄으로써 어떠한 힘든 일도 극복할 수 있다는 뜻도 담고 있어요.

겨울

추운 겨울을 건강하게 나는 법

소한 즈음에는 혹독한 추위 때문에 감기에 걸리기 쉬워요. 겨울철 건강을 지키려면 어떻게 해야 할까요?

외출 시에는 몸을 따뜻하게 해요.

춥다고 웅크리기보다는 꾸준히 스트레칭을 해요. 햇볕이 드는 시간엔 산책이나 간단한 운동을 해요.

따뜻한 물을 마셔요. 감기 예방을 위해 차를 마시는 것도 좋아요.

창문을 마냥 닫아 놓으면 공기 중에 세균이 많아질 수 있어요. 집 안을 자주 환기해 주어요.

대한 大寒 | 겨울아, 잘 가!

양력 1월 21일경 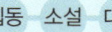  입동 소설 대설 동지 소한 **대한**

'큰 추위'라는 대한이지만 소한 때 언 얼음이 녹을 정도로 한결 포근해져요. 대한이 소한보다 훨씬 덜 춥답니다. 이제 희망과 행복을 다지며 봄을 기다려요.

해넘이

겨울을 마무리 짓는 대한은 계절적으로 마지막 날이라는 의미가 있어요. 그래서 대한 날 밤에는 마루나 방에 콩을 뿌려 귀신을 쫓고 새해를 맞이하는 해넘이를 했답니다.

절기 속담

대한이 소한 집에 놀러 갔다 얼어 죽었다

소한의 맹렬한 추위와 비교적 덜 추운 대한의 날씨를 빗댄 재밌는 속담이에요.

겨울

"야호! 제가 외삼촌을 이겼어요."
"허허허, 시온이가 팽이 선수네."
"할머니, 제 연이 날고 있어요."
"그래그래. 온유야, 미끄러진다. 조심해서 뛰어."
다음 계절엔 또 어떤 신나는 일이 있을까요?

신구간

제주도에서는 대한 후 5일에서 입춘 전 3일 사이에 집을 고치거나 집 안을 손질하고, 이사하는 일 등을 해요. 왜냐하면 이 기간이 옥황상제의 명을 받아 지상의 일을 돌보던 신들이 하늘로 올라가고, 새로 임명 받은 신들이 내려오기 전인 '신구간'이거든요. 신들이 인간 세상에 잠시 없는 이때에는 어떤 일을 해도 아무 탈이 없다고 믿었답니다.

절기 속담

대한 끝에 양춘이 있다

매서운 추위를 견뎌 내면 마침내 봄이 오듯이 어려운 고비를 잘 넘기면 행복이 찾아온다는 뜻이에요.

분홍 비행기와 함께 떠나는 24절기 여행

24절기는 무엇일까?

우리나라의 일 년은 봄, 여름, 가을, 겨울, 이렇게 사계절로 이루어져 있어요. 각 계절에 따른 날씨의 변화를 세세하게 나누어 기록한 것이 '**절기**'랍니다. 절기는 하늘에서 태양이 한 해 동안 지나가는 길인 **황도**가 15도 움직일 때마다 하나씩 바뀌어요. 그래서 계절별로 **6개**, 총 **24개**의 절기가 일 년 동안 나타나는 것이지요. 일 년이 365일이니 대략 **15일**에 **한 번** 꼴로 절기가 나타나는 셈이라고 할 수 있어요.

농사를 잘 짓는 것이 무엇보다도 중요했던 옛날 농경 사회에서는 절기가 굉장히 중요했어요. 절기마다 나타나는 날씨의 변화와 그에 맞춰 하는 일들이 농사에 큰 영향을 주었기 때문이에요. 그 덕분에 사람들은 지금처럼 날씨를 알려 주는 뉴스가 없어도 망종 무렵에는 씨를 뿌리고, 추분 무렵에는 추수를 할 수 있었지요. 예전처럼 농사를 짓는 집이 많지 않지만, 절기는 여전히 날씨와 계절을 이해하고 준비하는 데 큰 도움이 되고 있답니다.

우리나라의 24절기

오늘날처럼 달력이 보편적이지 않았던 옛날에는 음력이 유용하게 쓰였어요. 음력은 매일 변하는 달의 모양을 통해 날짜를 편리하고 정확하게 계산할 수 있도록 했거든요. 하지만 음력만으로는 실제 계절과 맞지 않는 부분이 있었어요.
그래서 이러한 문제를 보완하고자 태양의 위치와 움직임을 기준으로 나눈 24절기를 만들어 냈어요. 24절기는 계절의 변화와 잘 맞아떨어져 농사일에 큰 도움을 주었지요.

24절기는 중국 주나라 때 황하강이 있는 화북 지방을 기준으로 만들어졌어요. 즉, 중국의 시간과 날씨를 기준으로 만들어진 것이지요. 우리나라도 이를 받아들여 오랫동안 사용했어요. 하지만 중국의 시간과 날씨를 기준으로 했기 때문에 우리나라와는 정확히 맞지 않는 부분이 많았어요. 세종대왕 때는 일식이 예측했던 것보다 늦게 시작된 적도 있었지요. 조선은 농업을 근본으로 하는 나라였기 때문에 백성들에게 정확한 시간과 절기를 알려 주는 것이 중요했는데, 문제점이 생긴 거예요.

이에 우리나라만의 시간과 달력의 필요성을 느낀 세종대왕은 이순지, 정인지 등 집현전의 뛰어난 학자들을 불러 모아 역법 연구를 시작했어요. '**역법**'이란 우주 천체의 움직임과 위치를 자세하게 관찰하여 시간을 측정하는 것으로, 쉽게 말하자면 달력을 만드는 법이라고 할 수 있어요. 세종대왕과 학자들은 중국과 아라비아의 천문학과 역법을 열심히 연구하고 개선하여, 조선의 환경에 맞는 역법을 만들려고 노력했어요. 그리하여 10년 만에 우리나라 최초의 역법서인 '**칠정산**'을 완성했답니다. 당시 이렇게 천문학을 연구하고 역법을 만들 수 있었던 나라는 조선을 비롯해 중국, 아라비아 정도밖에 없었다고 하니, 얼마나 뛰어난 일을 해낸 것인지 알 수 있지요. 지금까지 우리가 사용하고 있는 24절기도 칠정산 역법을 기준으로 한 것이랍니다.

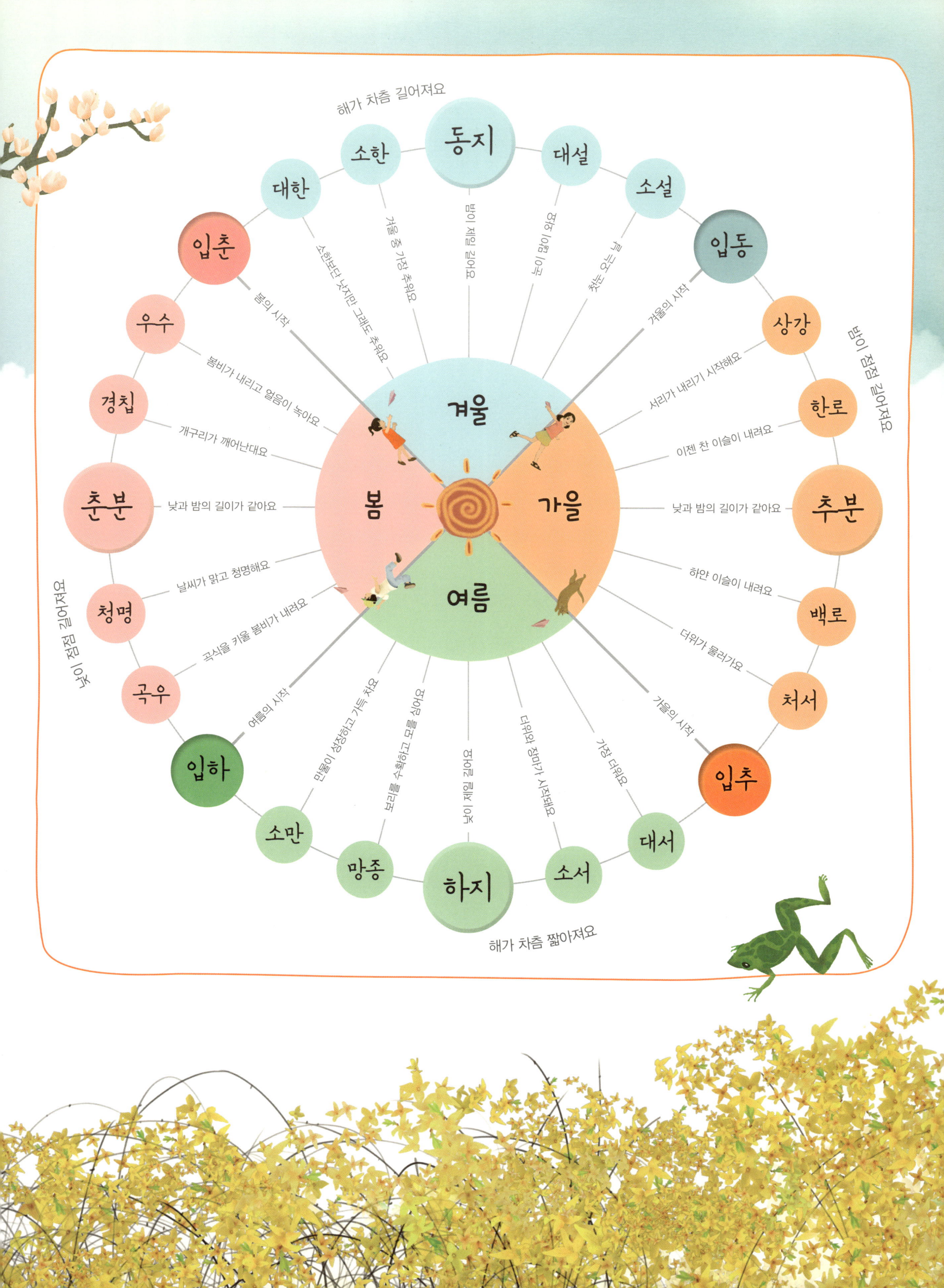

분홍 비행기 따라 24절기 여행을 떠나요

이 책을 펼치면 어디에나 작은 분홍 비행기가 숨어 있어요. 비행기가 잘 안 보인다고요?
눈을 크게 뜨고 구석구석 살펴보면 분홍 비행기가 정말 있답니다.
분홍 비행기를 따라 봄, 여름, 가을, 겨울의 절기를 여행해 봐요.
각 절기의 날짜와 대표적인 이미지도 함께 찾아보아요.

숨은 절기 찾기

예로부터 우리 조상들은 절기가 돌아올 때마다 특별한 일을 했어요. 입춘에는 입춘축을 붙이고 동지에는 팥죽을 끓여 먹는 것처럼 말이에요. 이 책에도 각 절기에 맞게 맛있는 음식을 먹거나 신나는 놀이와 독특한 의식을 하거나 농사일을 하는 모습이 담겨 있어요. 이런 풍경은 오늘날에도 우리가 살아가는 생활 모습에 큰 영향을 미치고 있지요. 어느 절기에 재밌고 특별한 일을 하는지 지금부터 함께 찾아볼까요?

　　　　 즈음에는 농사일을 시작하기에 앞서 논과 밭을 태워 땅을 다지는 논밭 태우기를 했어요.

　　　　 이 되면 겨우내 빙고에서 꽁꽁 언 얼음을 꺼내며 제사를 지내는 사한제를 했어요.

　　　　 무렵이 되면 못자리에 쓸 볍씨를 물에 푹 담가 놓는 볍씨 담그기를 해요. 아주 중요한 농사일 중 하나랍니다.

　　　　 에는 나쁜 일이 일어나지 않기를 바라며 담이나 벽에 흙을 바르는 흙일을 했어요.

　　　　 즈음에는 찹쌀 반죽에 예쁜 진달래꽃을 올린 진달래 화전을 부쳐 먹어요.

　　　　 에는 같은 일을 아홉 번 하면 복을 받는다고 여겼어요. 그래서 무슨 일을 하든지 꼭 아홉 번을 하는 아홉차리를 했답니다.

　　　　 즈음이 되면 풋보리를 베어다 불에 구워 낸 고소한 보리그스름을 먹어요.

　　　　 즈음에는 고운 쌀가루와 향긋한 쑥을 함께 버무려 쪄 내는 쑥버무리를 먹어요.

　　　　 무렵에는 비가 오지 않으면 비가 내리기를 기원하는 기우제를 지냈답니다.

　　　　 무렵에는 활짝 핀 봉숭아꽃으로 손톱에 예쁜 꽃물을 들여요.

　　　　 에는 일 년 중 가장 푹푹 찌는 더위가 찾아와요. 밤에도 너무 더워서 쉽게 잠들기 어려운 열대야 현상이 나타나기도 해요.

　　　　 즈음 무더운 삼복더위가 찾아오면, 사람들은 너도나도 계곡에 놀러가 건강에 좋은 음식을 먹으며 쉬는 복달임을 했어요.

추석 전인 　　　　 무렵이 되면 조상의 묘를 찾아 벌초를 하고 깨끗이 정리를 해요.

옛날에는 　　　　 가 지나서도 비가 계속 내리면 벼가 상할 수 있어서 비가 멈추기를 기원하는 기청제를 지냈어요.

　　　　 무렵에는 콩이나 깨를 타닥타닥 털어 알맹이를 쏙 거두는 타작을 해요.

　　　　 에는 여름 동안 눅눅해진 물건들을 바람과 햇볕에 바싹 말리는 포쇄를 했어요.

　　　　 즈음이 되면 농촌에서는 그동안 잘 자란 곡식들을 풍성하게 거둬들이는 가을걷이를 시작해요.

　　　　 에는 온 세상이 울긋불긋 아름다운 단풍으로 물들어요. 향긋한 국화꽃도, 대롱대롱 열린 감도 가장 제철이랍니다.

　　　　 즈음이 되면 같은 동네에 사는 나이 많은 어른들에게 선물을 하거나 맛있는 음식을 대접하는 치계미를 했어요.

　　　　 은 '작은 추위'라는 뜻이에요. 하지만 뜻과는 다르게 실은 일 년 중에서 가장 추운 때랍니다.

　　　　 무렵이 되면 햇메주콩을 푹 삶아 맛있는 메주를 만들어요. 메주는 간장, 고추장, 된장에 꼭 들어가는 중요한 재료예요.

매년 　　　　 무렵이 되면 날씨가 매우 춥고 매서운 바람이 쌩쌩 불어요. 이 바람을 '손돌바람'이라고 해요.

겨울을 마무리하는 날로 여겨지는 　　　　 날 밤이 되면, 마루나 방에 콩을 뿌려 귀신을 쫓고 새해를 맞이하는 해넘이를 했어요.

한 해를 여는 날로 여겨지는 　　　　 가 되면, 궁궐에서는 농사일에 도움이 되는 정보가 가득한 달력을 만들어 나누어 주었지요.

숨은 절기 속담 찾기

속담에는 상황에 딱 들어맞는 재치 가득한 우리 조상들의 지혜가 담겨 있어요.
이 책에도 절기에 관련된 재밌는 속담들이 많이 나와요.
알지 못했던 절기 속담은 새롭게 알아보고, 읽어 봤던 절기 속담은 다시 찾아볼까요?

입춘	
우수	우수 뒤의 얼음같이
경칩	
춘분	춘분 꽃샘에 설늙은이 얼어 죽는다
청명	
곡우	
입하	입하 바람에 씨나락 몰린다
소만	소만 추위에 소 대가리 터진다
망종	
하지	하지가 지나면 발을 물꼬에 담그고 산다
소서	소서가 넘으면 새 각시도 모심는다
대서	
입추	
처서	
백로	7월 백로에 패지 않은 벼는 못 먹어도 8월 백로에 패지 않은 벼는 먹는다
추분	추분이 지나면 우렛소리 멈추고 벌레가 숨는다
한로	
상강	상강 90일 두고 모 심어도 잡곡보다 낫다
입동	입동이 지나면 김장도 해야 한다
소설	
대설	
동지	동지가 지나면 푸성귀도 새 마음 든다
소한	
대한